I0052933

Der stille Staatsputsch: Kein Schaden?

Der stille Staatsputsch als
Verfassungsstörung oder
Staatsnotstand eines
modernen
Verfassungsstaates und der
Irrtum des
Rechtspositivismus

Josephine Papst

utopos

J. Papst Rechtsphilosophische Reihe 1

ISBN: 978-3-902889-02-7
ISBN-10: 3902889020

© 2016 utopos
Rechbauerstraße 7
A-8010 Graz
Tel.: +43 (0)699/17054034
Fax: +43 (0)316/31 82 43
E-Mail: josephine.papst@chello.at

Gewidmet meiner geliebten K.
und meiner geliebten J.

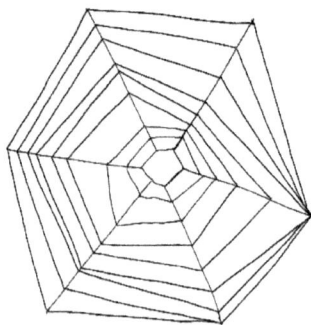

Netzwerken 1

22. Dez. 2016

In Kunst und Wissenschaft

sowie im Tun und Handeln

kommt alles darauf an,

daß die Objekte r e i n

aufgefaßt und ihrer Natur

gemäß behandelt werden.

(Goethe [= Kelsens Motto];
zitiert nach Hans Kelsen:
Allgemeine Staatslehre,
[1925]; Wien:
Österreichische
Staatsdruckerei, 1993, S. III.)

INHALTSVERZEICHNIS

DANKSAGUNG

Mein herzlichster Dank – auch noch posthum – dafür, dass ich mich mit den rechtsphilosophischen Grundlagen eines Staates aus erster Hand befassen konnte, sei meinem ehemaligen Professor für Rechtsphilosophie in den neunziger Jahren des vorigen Jahrhunderts an der Karl Franzens Universität Graz ausgesprochen, und zwar dem tschechischen Rechtsphilosophen und Logiker Universitätsprofessor Dr. Ota Weinberger (1919 – 2009). Er war seit 1994 auch Mitglied der Academia Europaea und er bekam 2004 den Ehrendoktor „Dr.h.c. in juridical science" der Masaryk University in Brünn, Tschechien. Ota Weinberger arbeitete auch mit Hans Kelsen zusammen.

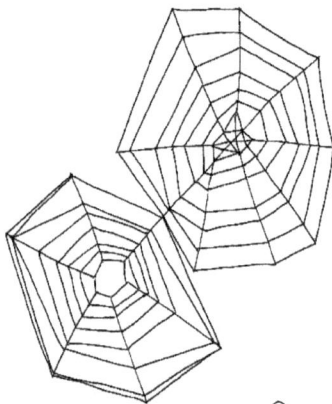

Netzwerken 2
22. Dez. 2016

J. PAPST RECHTSPHILOSOPHISCHE REIHE

Die Entwicklungen in den Wissenschaften und in der Philosophie in den vergangenen Jahrzehnten trugen nicht gerade zu deren Fortschritt bei, da deren eigentliche Ansprüche auf Zählen, Messen und Wägen reduziert wurden. Alles andere wurde als zu kostspielig erachtet und auch als zu wenig wirtschaftswachstumsfördernd.

Empirisches Forschungsdesign nennt sich das, was sich vom Erfassen der Wirklichkeit abgrenzt, das auch genuine Geistes- und Verstandestätigkeit beansprucht; wie auch ein Gewissen und vor allem auch Verantwortung.

Rechtsphilosophische Untersuchungen fielen der politischen Legaldefinitionendoktrin zum Opfer, die davon ausgeht, dass ohnehin alles nur eine Frage der Definition ist und es in Wirklichkeit keine Wirklichkeit gibt, sondern eben nur eine Konstruktion dieser, die durch den Wort- und Sprachgebrauch erzeugt wird.

Völlig beliebig.

Diese Auffassung der beliebigen Konstruierbarkeit der Wirklichkeit, der sozialen, der geistigen und der emotionalen sowie der Natur ist eine fehlgeleitete, die in die Irre führt, weil sich die Menschen damit selbst vernichten. Dies deshalb, weil sie es sich selbst verbieten, ihre eigenen Grenzen ernst zu nehmen, und damit auch jene ihres Mitmenschen. Damit verlieren die Menschen zunehmend auch die Fähigkeit sich selbst als genuin menschlich wahrzunehmen, was die Voraussetzung für eine Persönlichkeitsentwicklung darstellt.

Um der Idee des genuin Menschlichen, das sich im Schönen, im Guten und im Wahren zeigt, eine Stimme zu verleihen, beginne ich mit der Publikation meiner rechtsphilosophischen Werke.

Josephine Papst
Wien, am 21. Dezember 2016

1. EINLEITUNG

Die in österreichischen Rechtskreisen geltende herrschende Meinung ist, dass es als ausgeschlossen angenommen werden kann, dass in einem modernen Verfassungsstaat ein S t a a t s p u t s c h   v o n   i n n e n   h e r a u s, also von der Judikative, der Exekutive und der Legislative ausgehend, verwirklicht werden kann. Begründet wird dies damit, dass die Begehung eines Verfassungsputsches durch die Staatsorgane selbst aufgrund der umfangreichen Kontrollmechanismen im Stufenbau der Rechtsordnung in Form von

verfahrensrechtlichen Bestimmungen sowohl
auf einfachgesetzlicher als auch auf
verfassungsgesetzlicher Ebene in einem
rechtspositivistisch ausgestalteten
Rechtssystem ausgeschlossen ist; sind dies
doch dessen Vorzüge. So wird behauptet,
dass sich Recht durch nichts beugen lässt,
auch oder vor allem nicht durch politische
Machenschaften, denn dies schließt die
positivistische oder Reine Rechtslehre aus.
Als allgemeine Theorie des positiven Rechts
wird vor allem in den in Österreich
gepflegten Rechtswissenschaften[1] dogmatisch

---

[1]   Der Beginn der Entwicklung der Reinen
Rechtslehre kann mit dem Beginn des zweiten
Jahrzehnts des 20. Jahrhunderts datiert werden. Ihr
Hauptziel ist die Grundlegung der
Rechtswissenschaften als eine sogenannte
Wissenschaft im Gegensatz zu den als Ideologien
bezeichneten Theorien der vorangegangenen
Jahrhunderte. Dies entsprach damals einfach dem
allgemeinen Zeitgeist. Für eine ebenso knappe wie
zumindest informative Zusammenfassung der
Reinen Rechtslehre von Hans Kelsen – auch wenn
eine kritische Würdigung fehlt – sei auf folgenden
Aufsatz verwiesen: Robert Walter: *Hans Kelsens
Rechtslehre*, in: *Würzburger Vorträge zur Rechtsphilosophie,
Rechtstheorie und Rechtssoziologie*, hrsg. von Horst
Dreier und Dietmar Willoweit, Heft 24; Baden-
Baden: Nomos, 1999.

und streng autoritär – von wenigen Ausnahmen abgesehen – Hans Kelsens „Reine Rechtslehre", herangezogen, die Kelsen selbst als die „wahre Rechtswissenschaft"[2] ausgibt. Sein antiideologisches Ziel beschreibt Kelsen wie folgt:

„Sie [die Reine Rechtslehre] beschränkt sich auf das positive Recht und verhindert so, daß die Rechtswissenschaft es für eine höhere Ordnung ausgebe oder aus einer solchen die Rechtfertigung des Rechts hole; oder daß die Diskrepanz zwischen einem irgendwie vorausgesetzten Gerechtigkeitsideal und dem positiven Recht zu einem juristischen Argument gegen dessen Geltung mißbraucht werde. Die Reine Rechtslehre ist die Theorie des Rechtspositivismus."[3]

Wie der nach wie vor geltende Einfluss der Reinen Rechtslehre aktiv ist, zeigt sich in der

---

[2] Hans Kelsen: *Reine Rechtslehre: Einleitung in die rechtswissenschaftliche Problematik*; Leipzig und Wien: Franz Deuticke, 1934, S. 17. In der Folge abgekürzt als: Kelsen: *Reine Rechtslehre*.
[3] Kelsen: *Reine Rechtslehre*, S. 38.

Praxis des rechtswissenschaftlichen Unterrichtsbetriebes in Österreich. Den Studierenden wird im ersten Semester verkündet und eingetrichtert: Recht hat absolut nichts mit Gerechtigkeit zu tun! Die eben formulierte Behauptung geht zwar auf Kelsen zurück, lässt jedoch Kelsens Einschränkung völlig aus, wonach auch er als Voraussetzung für das Positive Recht ein Minimalnaturrecht annimmt, indem er Folgendes zugesteht: „Wenn auch die Unterscheidung zwischen Gerechtigkeit und Recht betont wird, so bleiben doch beide durch mehr oder weniger Fäden miteinander verbunden. […] Da aber der Rechtscharakter der jeweiligen staatlichen Ordnung als selbstverständlich vorausgesetzt wird, ist deren Legitimierung auch durch diese Rechtstheorie des moralischen Minimums, die nur eine minimierte Naturrechtslehre ist, sichergestellt. Und dieses Garantieminimum reicht in den verhältnismäßig ruhigen Zeiten der konsolidierten Herrschaft des Bürgertums, in einer Periode des relativen Gleichgewichts der sozialen Kräfte auch aus. Die letzten

Konsequenzen des offiziell anerkannten positivistischen Prinzips werden zwar nicht gezogen, die Rechtswissenschaft ist zwar nicht ganz, aber sie ist doch überwiegend positivistisch orientiert."[4]

Dieses Zitat lässt erkennen, dass sogar Kelsens Reine Rechtslehre in ihren Grundannahmen in der rechtswissenschaftlichen Fachausbildung an österreichischen Universitäten nur verzerrt wiedergegeben wird, obschon auch Kelsen dies selbst begünstigte, wie dessen Ausspruch demonstriert: „Gerechtigkeit ist ein irrationales Ideal. [...D]em Erkennen ist es nicht zugänglich."[5]

Methodisch geht Kelsen so vor, dass er die Rechtswissenschaften von allen anderen Wissenschaften abgrenzt, sie also von allen ihr fremden Elementen befreit, um der Forderung der Reinheit zu entsprechen.[6] Denn, so schreibt Kelsen: „In völlig kritikloser Weise hat sich die Jurisprudenz mit

---

[4]   Ebda., S. 20.
[5]   Ebda., S. 15 f.
[6]   Vgl. Ebda., S. 1.

Psychologie und Biologie, mit Ethik und Theologie vermengt."[7] Kelsens Ziel seines methodischen Vorgehens ist ausschließlich darauf gerichtet, „allein ihren Gegenstand [zu] erkennen, [nämlich] was und wie Recht ist".[8] Die Rechtswissenschaft sollte damit von der Rechtspolitik abgegrenzt werden. Jedoch nicht nur das, denn „[s]oll Rechtswissenschaft nicht in Naturwissenschaft aufgehen, muß das Recht aufs deutlichste von der Natur abgehoben werden"[9]. Und weiter: „Rechtswissenschaft ist Geistes-, nicht Naturwissenschaft."[10] Da jedoch auch die Geisteswissenschaften verschiedene Logiken pflegen, spricht Kelsen den Rechtswissenschaften als Geisteswissenschaft zudem jede Form einer Logik ab, indem die Rechtswissenschaften als „logosfremd" ausgegeben werden.[11] Stellen Sie sich an dieser Stelle nun bildlich vor, dass Sie im Gerichtssaal oder in einer anderen staatlichen Institution sitzen, weil Sie dort hinzitiert

---

[7] Vgl. ebda.
[8] ebda.
[9] Ebda., S. 2.
[10] Ebda., S. 12.
[11] Vgl., Ebda., S. 15.

wurden oder auch dort arbeiten, und dass Sie hier „logosfremden" Staatsorganen ausgesetzt sind. Das heißt etwas! Ist aber gemäß der rechtspositivistischen Rechtslehre so und gilt deshalb.

Staatsnotstand, Verfassungsstörung oder ähnliche mögliche Gefahrenlagen für einen modernen Verfassungsstaat werden von Kelsen nicht thematisiert, fallen diese doch in die Sphäre a u ß e r h a l b einer rechtspositivistisch interpretierten Verfassungsordnung, sodass es diese möglicherweise faktisch eintretenden Erscheinungsformen des Staatslebens für die Reine Rechtslehre nicht gibt oder nicht geben kann: Sie werden also von der logosfremden Reinen Rechtslehre schlichtweg geleugnet. Staatsgefährdende Gefahrenlagen sind bereits deshalb schon ausgeschlossen, weil ein faktisch eintretender möglicher Staatsnotstand – wie realistisch erkannt – eines der zentralen Themen der Gegenposition, nämlich der Naturrechtslehre ist, wie diese beispielsweise von Carl Schmitt oder in der Nachkriegszeit in Österreich von

August Maria Knoll (1900–1963)[12]
thematisiert wurde beziehungsweise auch der
Anlass der Notstandsverfassung der
Bundesrepublik war.[13] Kelsens zu Beginn
dieses Beitrages wiedergegebenes Goethezitat
als Motto, das sich mit der Behandlung einer
Sache „seiner Natur gemäß" befasst, ist
demnach wohl nur als eine rhetorische Figur
zu verstehen. Österreich kennt bis heute
keine Staatsnotstandsverfassung.

---

[12]   Vgl. August Maria Knoll: *Katholische Kirche und
Scholastisches Naturrecht. Zur Frage der Freiheit;*
Neuwied: Luchterhand, 1968.
[13]   Vgl. zur Thematik der Notstandsverfassung
der Bundesrepublik – wobei anzumerken ist, dass
Österreich keine Notstandsverfassung kennt – und
zur stillen Beteiligung von Carl Schmitt an der
Notstandsverfassung der Bundesrepublik
insbesondere auch Florian Meinel: *Diktatur der
Besiegten? Ein Fragment Carl Schmitts zur
Notstandsverfassung der Bundesrepublik;*
http://ejournals.duncker-
humblot.de/doi/pdf/10.3790/staa.52.3.455.
[Zuletzt aufgerufen am 8. 3. 2016.] Zu beachten ist
für die Verfassungsgesetzgebung Deutschlands in
der Nachkriegszeit auch, dass das deutsche
Verfassungsgesetz im Gegensatz zu Österreich
gemäß Art. 20, Abs. 4 GG ein Widerstandsrecht
kennt, von dem jedermann im Falle eines Angriffes
auf rechtsstaatstragende Verfassungsbestimmungen
Gebrauch machen kann.

Erzeugt werden sollte demnach mit dem Rechtspositivismus, dessen Theorie die Reine Rechtslehre ist, wohl nur plakativ und demonstrativ die Illusion, dass Recht und Rechtswissenschaft nicht mit Rechtspolitik vermengt und Recht nicht durch politische Machenschaften missbraucht werden können. Der Rechtspositivismus ist demnach nichts anderes als eine Selbstimmunisierungsstrategie eines Rechtssystems selbst.

Das Ziel meines Beitrages ist es, zu zeigen, dass rechtspositivistische Rechtswissenschafts- und Rechtspraxis einen S t a a t s p u t s c h v o n i n n e n h e r a u s , also durch die Staatsorgane selbst begangen, nicht verhindert, auch nicht durch das im Jahre 2008 in Kraft getretene Korruptionsstrafrecht[14],

---

[14] Empfehlenswerte Arbeiten zum neuen Korruptionsstrafrecht in Österreich sind: Eva Marek, Robert Jerabek: *Korruption und Amtsmissbrauch. Grundlagen, Definitionen und Beispiele zu den §§ 302, 304 bis 307c, 310 und 311 StGB sowie weitere praxisrelevante Tatbestände im Korruptionsbereich*; Wien: Manz, 2011. Wenn auch bezogen auf die Ärzteschaft, sei auch auf folgende Beiträge von Maria Eder-Rieder (Institut

wie dies anhand von konkreten Beispielen[15] gezeigt werden kann. Das ist Kelsens Irrtum oder der Irrtum der Reinen Rechtslehre und des Rechtspositivismus. Der Rechtspositivismus erweist sich damit selbst als eine reine Ideologie, eine die vorgibt, wissenschaftlich legitimiert oder begründet zu sein. Kurz: Eine logosfremde Ideologie, die sich das Kleid der Wissenschaftlichkeit umhängt. Das ist ein äußerst bedenklicher Zustand eines rechtsstaatlich organisierten Verfassungsstaates moderner Prägung, wie dies Österreich von sich behauptet.

---

für Strafrecht und Kriminologie, Universität Salzburg) verwiesen: Maria Eder-Rieder: *Arzt als Amtsträger und Täter von Korruptionsdelikten*, als Vortrag vorgetragen am 24. Juni 2014 im Rahmen der „internationalen *indexicals* Tagung: Ältere Menschen als Opfer von Kriminalität und Korruption". (Im Erscheinen.) Sowie: Maria Eder-Rieder: *Strafrechtliche und strafprozessuale Aspekte der neuen Korruptionsbestimmungen im österreichischen Strafrecht*, in: *Zeitschrift für Internationale Strafrechtsdogmatik*, www.zis-online.com.
[15] Vgl. beispielsweise für einen ersten Einblick die in Fußnoten 30 und 31 bezeichneten Verfahren.

2. STAATSNOTSTAND UND VERFASSUNGSSTÖRUNG: WAS IST EIN STILLER STAATS- ODER VERFASSUNGSPUTSCH?

Bevor charakterisiert werden kann, was ein s t i l l e r   S t a a t s - oder V e r f a s s u n g s p u t s c h ist, ist zu klären, was ein Staatsnotstand beziehungsweise eine Verfassungsstörung ist. In der rechtswissenschaftlichen Literatur in Österreich gibt es mit Ausnahme einer Arbeit von Friedrich Koja[16] dazu wenig zu finden

---

[16] Vgl. Friedrich Koja: *Der Staatsnotstand als Rechtsbegriff*; Salzburg: Universitätsverlag Anton

und – wie bereits erwähnt – kennt Österreich im Gegensatz zu anderen europäischen Ländern wie Frankreich, Italien, Schweiz, Deutschland, Belgien u. a. auch keine Notstandsverfassung. In neuerer Zeit widmete Mathis Fister[17] im Zusammenhang mit dem Europäischen Recht dem Notstandsrecht in Österreich ein Kapitel und meint, dass es darum nicht so katastrophal bestellt sei, wie Koja meint, wonach „die notstandsrechtlichen Vorschriften in der österreichischen Bundesverfassung so dünn gesät sind, dass man – um eine Krise zu meistern und ‚den Staat zu retten‘ – im Ernstfall wohl den Schritt in die Illegalität tun müsste".[18] Was ein Staatsnotstand ist, wird von Fister jedoch nicht einmal annähernd untersucht oder geklärt, sondern er begnügt sich auf der Grundlage der Arbeiten von

---

Pustet, 1979. In der Folge abgekürzt als: Koja: *Der Staatsnotstand als Rechtsbegriff.*

[17] Mathis Fister: *Staatsnotstandsrecht in Österreich*; in: *Notstand und Notstandsrecht*, hrsg. von Andrej Zwitter; Baden–Baden: Nomos, 2012, S. 160 – 196. In der Folge abgekürzt als: Fister: *Staatsnotstandsrecht in Österreich.*

[18] Ebda., S. 160.

Koja einfach damit, als Begriffsklärung Typen eines sogenannten Staatsnotstandsrechtes zu nennen, wie er dieses den österreichischen Gesetzen zu entnehmen glaubt. Denn: „Staatsnotstandsrecht ist positives Recht. Neben den geschriebenen notstandsrechtlichen Regelungen wird die Existenz eines überpositiven (ungeschriebenen) Staatsnotstandsrechts ganz überwiegend abgelehnt. […] Anerkannt ist aber, dass sich der Staat für den Notstand eine (teilweise) andere Verfassung geben muss."[19]

Die zwei Fragen, die sich nach meiner Auffassung damit für einen modernen Verfassungsstaat wie Österreich stellen, sind:

(i) Wie kann sich ein Staat im Notstandsfalle eine andere Verfassung geben, wenn er doch an

---

[19]   Friedrich Koja: *Der Staatsnotstand als Rechtsbegriff;* Österreichische Juristenzeitung, 1975, S. 209. Zitiert nach Fister: *Staatsnotstandsrecht in Österreich*, S. 162. Vgl. auch Koja: *Der Staatsnotstand als Rechtsbegriff*, II. Kapitel: *Überpositives Notstandsrecht?*, S. 8 – 17.

die gegebene Verfassung gebunden ist, um nicht in die Verfassungslosigkeit zu geraten, wenn er keine Notstandsverfassung bereits vor dem Eintritt des Staatsnotstandes zur Verfügung hat?

(ii) Wie wird ein Staatsnotstand erkannt, von wem wird er – berechtigterweise – erkannt und als solcher staatsrelevant anerkannt, wenn es diesbezüglich weder eine qualifizierte Feststellung möglicher Staatsnotstandslagen noch zu deren Bewältigung klare Regelungen gibt?

Zwar führt Fister an, dass die österreichische Bundesverfassung eine Unterscheidung zwischen einem äußeren Notstandsrecht, wofür die Landesverteidigung zuständig sei, und einem inneren Notstandsrecht zulasse, die Existenz eines inneren Notstandsrechtes jedoch allgemein in Abrede gestellt werde, da die einzeln in den verschiedensten österreichischen Gesetzen verstreuten Regelungen wohl nicht als ein effektives

Notstandsrecht zu erkennen sind. Diesen für Österreich mehr als katastrophalen Verfassungszustand versucht Fister in seinem Beitrag durchgehend zu leugnen und mithilfe des Hinweises auf die zahlreichen überall vorhandenen zersplitterten Regelungen zu beschönigen.[20]

2.1. Die fünf Typen eines Staatsnotstandsrechtes in Österreich nach Fister

Fister untersucht nicht eigenständig, was ein Staatsnotstand der Sache nach ist oder sein kann, sondern fragt nur danach, was der Begriff „Staatsnotstandsrecht" bedeutet. Für eine ebenso sporadische wie oberflächliche Begriffsklärung beruft sich Fister auf die Bestimmung von Koja, wonach von einem Staatsnotstand dann gesprochen werden kann, „wenn die Ausübung der Staatsgewalt als Prozess der Erzeugung und Vollziehung von Rechtsnormen in einer seiner Phasen unmöglich gemacht, erheblich behindert oder ernsthaft bedroht ist".[21] Inhaltlich werden

---

[20]   Vgl. Fister: *Staatsnotstandsrecht in Österreich*, S. 162.

[21]   Ebda., S. 161. Koja: *Der Staatsnotstand als*

insgesamt fünf Typen des österreichischen
Staatsnotstandsrechtes unterschieden, wobei
sich Fister für die ersten drei Typen auf Koja
beruft, welchen er selbst zwei weitere Typen
hinzufügt. Diese sind:

Erster Typus: Kompetenzbestimmungen
zum Übergang der Rechtserzeugung und
                 -vollziehung auf ein anderes Organ.

Zweiter Typus: Bestimmungen   zur
Erleichterung   des   Verfahrens   der
Rechtserzeugung und   -vollziehung.

Dritter Typus: Inhaltliche Veränderungen der
Rechtsnormen.

Vierter Typus: Änderung   der   Staats- und
Behördenorganisation zur Erhaltung der
                 Handlungsfähigkeit   eines
Staatsorganes.

Fünfter Typus: Bestimmungen zur Prävention
von Notstandslagen.[22]

Rechtsbegriff, S. 21.
[22]   Vgl. Fister: *Staatsnotstandsrecht in Österreich*, S.
162f.

Auch wenn sich Fister bemüht im rechtspositivistischen Sinne einzelne Bestimmungen im österreichischen Recht zur Bewältigung von Staatsnotstandssituationen zusammenzutragen, so lässt er eine Untersuchung dessen, was ein Staatsnotstand ist oder sein kann[23] zur Gänze aus, sodass es schließlich völlig unklar bleibt, wann konkret vom Eintreten eines Notstandes gesprochen werden kann, wer einen solchen rechtlich relevant feststellt und wie dieser zu bewältigen sei. Zudem werden die Grenzen eines *de facto* möglichen *ad hoc* Eingriffes in das bestehende rechtsstaatliche Normensystem nicht thematisiert, womit der politischen und ideologischen Beliebigkeit der

---

[23] M. E. ist als die fundierteste Arbeit zum Staatsnotstand und zu den Notstandsverfassungen europäischer Staaten, insbesondere Deutschlands, folgendes Werk zu empfehlen: Hans-Ernst Folz: *Staatsnotstand und Notstandrecht*, Dissertation; Universität des Saarlandes, 1961. In der Folge abgekürzt als: Folz: *Staatsnotstand und Notstandrecht*. Da Österreich keine Notstandsverfassung kennt, ist in der Arbeit von Folz nichts zu Österreich zu finden.

Rechtsinterpretation Tür und Tor geöffnet werden. Demnach gälte es zu bestimmen, was Not im rechtlichen Sinne ist sowie was der Staat und seine rechtsstaatlichen Grenzen sind, um feststellen zu können, was ein Staatsnotstand ist und wie dieser effektiv – auf der Grundlage einer kodifizierten Notstandsverfassung – rechtsstaatsgetreu bewältigt werden kann.

2.2. Was ist ein Staatsnotstand?

Übereinstimmend mit Folz[24] kann festgestellt werden: „Durch das Wortelement N o t wird dabei eine existentielle Gefahr, also eine Gefahr für den Bestand der Werte und Güter impliziert. In die rechtliche Begriffssphäre übertragen, ist dann unter Notstand eine Gefährdung des Bestandes bestimmter Rechtswerte und Rechtsgüter zu verstehen."[25] Was den Begriff S t a a t betrifft, so ist dies eine jahrtausendealte und unerschöpfliche Debatte bis in die Gegenwart

---

[24] Vgl. Folz: *Staatsnotstand und Notstandrecht.*
[25] Folz: *Staatsnotstand und Notstandrecht,* S. 7.

hinein, was ein Staat seinem Wesen nach ist, vor allem auch wegen der sich auflösenden und der neu entstehenden Staaten und der staatsähnlichen Gebilde. Wiederum in Übereinstimmung mit Folz wird ein Staat wie folgt bestimmt: „Für diese Untersuchung genügt die Erkenntnis, daß der Staat ein Einheitsgefüge ist, der sich aus den Elementen Staatsvolk, Staatsgebiet und Staatsgewalt zusammensetzt.“[26] Aus dieser Bestimmung ergibt sich, dass alles was das Einheitsgebilde als Ganzes oder in einem seiner Teile oder Elemente bedroht als ein Staatsnotstand gilt, den es zu erfassen und zu bewältigen gilt, um eine Zerstörung als Ganzes oder eines seiner Elemente abzuwenden. Meist ist zeitlich Eile geboten, um Irreversibles zu verhindern. Um nur zwei Beispiele einer inneren Bedrohung zu nennen: genereller Ungehorsam oder generelle Verweigerung der Zahlung der Steuern. Wenn der Staat seine Beamten nicht mehr entlohnen kann, werden diese davonlaufen. Festzuhalten ist, dass es keine

---

[26]   Folz: *Staatsnotstand und Notstandrecht,* S. 11.

abschließende Liste von möglichen
Staatsnotständen und Verfassungsstörungen
geben kann, sodass eine Staatskenntnis und
ein Staatsbewusstsein gefordert sind, die
auftretende Gefahrenlagen rechtzeitig
erkennen und erfassen, um die
entsprechenden Mittel zur Abwehr der
existentiellen Bedrohungen zum Einsatz
bringen zu können. Da für die
gegenständliche Arbeit eine ganz bestimmte
Form der inneren Bedrohung, und zwar der
systematischen Bedrohung der Effektivität
der Gerichte, Behörden und anderer
staatlicher Einrichtungen – Universitäten und
Expertengutachterwesen –, mit der
Qualifizierung als stiller Staats- oder
Verfassungsputsch relevant ist, wird im
Folgenden auf den Staat als Rechtsordnung
und das Rationalitätsgebot[27] eingegangen.

---

[27]   Erinnert sei an dieser Stelle noch einmal daran,
dass der Rechtspositivismus nach Kelsen
„logosfremd" ist. Vgl. dazu noch einmal Hans
Kelsen: *Reine Rechtslehre*, S. 15.

2.3. Der Staat als Rechtsordnung, deren Gefährdung den Staat gefährdet

Zur Beurteilung faktisch möglicherweise eintretender Zustände eines Staatsnotstandes wird von Fister jedoch die relevante Tatsache ignoriert, auf die Koja zumindest hinweist: „Die Geltung der Staatsgewalt ist [...] nichts anderes als die Geltung der staatlichen Rechtsordnung."[28] Daraus folgt, dass ebenso wie bestimmte Teile des Territoriums auch bestimmte besonders wichtige Teile der Rechtsordnung bedroht sein können. Ergänzend zu Koja kann eine gravierende Störung oder faktische Außerkraftsetzung der Rechtsordnung beispielsweise durch folgende zwölf Handlungsweisen – abgekürzt als HW[29] – herbeigeführt werden:

HW1: Verwendung der absoluten Anwaltspflicht[30] zur systematischen Unterbindung des Gehörs vor

---

[28]   Koja: *Der Staatsnotstand als Rechtsbegriff*, S. 21.
[29]   Für Handlungsweisen wird folgende Abkürzung verwendet: HW. Anzumerken ist, dass die Auflistung der Beispiele weder als vollständig noch als abschließend verstanden werden kann.
[30]   Vgl. für einen ersten Einblick in diese Problematik Josephine Papst: *The problem of systematic*

Gericht. § 27 ZPO regelt eine absolute Anwaltspflicht, die besagt, dass man sich vor Gericht von einem Rechtsanwalt vertreten lassen muss, womit ausgeschlossen wird, dass sich jemand selbstständig vor Gericht vertreten darf, auch nicht zur Wahrung des Grundrechtes auf ein faires Verfahren bei Vorliegen entsprechender Qualifikation. Ausgenommen davon sind die Rechtsanwälte selbst, die sich vor Gericht als Partei selbst vertreten dürfen und deren Aussagen als absolut wahr gelten, auch wenn diese den konkreten Tatsachen eindeutig widersprechen.[31] In einem derartigen Fall

---

manipulation in Austrian institutions of science and law, 2. Ausgabe; Graz, Oktober 2006. http://www.indexicals.ac.at/manipulation/preface.html.

[31] Als nur ein Beispiel von vielen sei dafür folgendes Verfahren oder fortgesetztes Verbrechen genannt: BG Graz 52 C 1019/00, später BG Graz-Ost 206 C 1756/11y zusammen mit BG Josefstadt Wien 7 C 25/00 und 7 Hc 2/Mx sowie Landesgericht für ZRS und andere aus BG Graz-Ost 201 NC 11/12x; aus dem fortgesetzten Verbrechen Spezialforschungsbereich Moderne, Landesgericht für ZRS Graz 18 Cg 243/96. Vgl. auch Präsidium des Oberlandesgerichtes Graz Jv 2.858-30/06 und Zentrale Wirtschafts- und Korruptionsstaatsanwaltschaft – WKSTA – GZ: 18

wird der Gegenpartei das Gehör vor Gericht schlichtweg verweigert. Gemäß § 27 ZPO gilt die absolute Anwaltspflicht in folgenden Fällen: Vor allen Rechtsmittelgerichten wie auch in erster Instanz vor den Landesgerichten und vor den Bezirksgerichten, wenn der Streitwert € 5.000 übersteigt. Ausgenommen von der Anwaltspflicht sind beispielsweise auch der Einspruch im bezirksgerichtlichen Mahnverfahren oder für das Zwischenverfahren zur Erlangung der Verfahrenshilfe. Die absolute Anwaltspflicht wird damit begründet, dass der einzelne, der sogenannte Rechtsunkundige, keine Nachteile erleiden sollte. Die absolute Anwaltspflicht ist jedoch auch dazu geeignet, den Rechtsunterworfenen zum Opfer von

---

ST 12/12 u. a.m. Sowie: Stadt Wien: *Ehrenbürgerschaft der Stadt Wien für Prof. Carl E. Schorske,* Rathauskorrespondenz vom 25. April 2012, in: Wien: wien.at, 25. April 2012. Der am fortgesetzten Wissenschaftsbetrug Spezialforschungsbereich Moderne des fin de siècle beteiligte Kulturhistoriker Carl E. Schorske bekam am 25. April 2012 die Ehrenbürgerschaft der Stadt Wien überreicht. Vgl. auch Josephine Papst: *Mit blutigen Händen in den Stein der Ehre gemeißelt.* (Im Erscheinen.)

Rechtsanwälten zu machen, die diese absolute Anwaltspflicht dazu missbrauchen, relevante Beweismittel des eigenen Mandanten systematisch und fortgesetzt zum existenzvernichtenden Schaden des eigenen Mandanten zu unterdrücken, um mit dem Prozessgegner gemeinsame Sache zu machen.[32]

HW2: Verwendung der absoluten Anwaltspflicht[33] zur systematischen Diffamierung und Verleumdung des eigenen Mandanten vor Gericht. Wie bereits ausgeführt, ist gemäß § 27 ZPO und weiterer Verfahrensbestimmungen eine absolute Anwaltspflicht vorgeschrieben. Die absolute Anwaltspflicht ist jedoch auch dazu geeignet, den Rechtsunterworfenen zum Opfer im strafrechtlichem Sinne von Rechtsanwälten zu machen, die diese absolute Anwaltspflicht – vor allem dann, wenn eine Partei gleichzeitig als der eigene Rechtsanwalt bzw.

---

[32] Vgl. noch einmal die bezeichneten Beispiele in den vorangegangenen Fußnoten 30 und 31.
[33] Vgl. noch einmal diese Problematik; *siehe* Josephine Papst: *The problem of systematic manipulation in Austrian institutions of science and law*, 2. Ausgabe; Graz, Oktober 2006. http://www.indexicals.ac.at/manipulation/preface.html.

Rechtsvertreter vor Gericht und öffentlich
auftritt – dazu missbrauchen können, um
nicht nur relevante Beweismittel des eigenen
Mandanten zur Begünstigung der
Prozessgegner zu unterdrücken, sondern
sogar dazu, um Zeugen – beispielsweise einen
Rechtsanwaltsanwärter[34] oder Rechtsanwalt –
für Falschaussagen vor Gericht gegen den
eigenen Mandanten zu produzieren, und zwar
mit der Zielsetzung, den eigenen Mandanten
vor Gericht zu diffamieren und zu
verleumden; und sogar selbst mit
ungeheuerlichen Diffamierungen vor Gericht
militant aufzutreten.[35]

HW3: *Verwendung einer Amtsstellung
beziehungsweiser einer beliehenen hoheitlichen*

[34] Vgl. beispielsweise die Behauptungen eines
Rechtsanwaltes, der als Strohmannzeuge für einen
Rechtsanwalt auftritt und dessen „Show" von der
Gerichtsbehörde effektiv gegen das
Verbrechensopfer eingesetzt wird; vgl. noch einmal
das bezeichnete Beispiel in der vorangegangenen
Fußnote 31.
[35] Vgl. noch einmal das bezeichnete Beispiel in
der vorangegangenen Fußnote 31. Wie die Beispiele
zeigen, ist von einer rechtsstaatlich organisierten
Gerichtsbarkeit in Österreich erwiesenermaßen
kaum etwas zu merken.

Tätigkeit zur Diffamierung, Verleumdung, wirtschaftlichen Vernichtung und Ausmerzung der Verbrechensopfer, um diese und auch mögliche Zeugen[36] zum Schweigen zu bringen.[37]

HW4: *Verwendung der Parteilichkeit des Richteramtes.* Obschon laut Gesetz in Ausübung des Richteramtes unparteiisch und nach objektiven Kriterien gearbeitet werden muss, genehmigt sich doch so mancher Richter oder so manche Richterin – vor allem in sogenannten kollegialen Verhältnissen –

---

[36] Beispielsweise der Todesfall einer 42 Jahre alten Klosterschwester, die eine zentrale Zeugin und Beteiligte im fortgesetzten Verbrechen Spezialforschungsbereich und City-Branding Vienna Moderne des fin de siècle ist; Staatsanwaltschaft Graz, GZ: 18T 70/13w.

[37] In Österreich gibt es keine eigenständige Grundrechtejudikatur. Das heißt, dass in Österreich die ordentlichen Gerichte auch bei massiven Grundrechteverletzungen keine verfassungsgerichtliche Untersuchung ihres grundrechtewidrigen Verhaltens befürchten müssen. Vielmehr wird auf den Europäischen Gerichtshof für Menschenrechte verwiesen, der jedoch seit der Änderung der Verfahrensordnung im Jahre 1998 Beschwerden nur formal bearbeitet, da der österreichischen Gerichtsbarkeit schlicht ein hohes Grundrechteniveau unterstellt wird.

eine klare Abweichung davon und arbeitet systematisch parteiisch. Jedoch nicht nur das, das Richteramt wird anschließend zum Zwecke des Leugnens parteischer Arbeitsweisen sogar dazu verwendet, mittels aktenwidriger oder falscher Tatsachenbehauptungen gegen die Opfer auf militant rufschädigende Art und Weise vorzugehen, ohne hier wegen der strafrechtlichen Relevanz einer derartigen Richterpraxis darauf eingehen zu können. Als ein Beispiel sei nachfolgend ein Belegstück eingefügt:

Verhandlung zu 52 C 1019/00t BG Graz Ost
Andrea O███████ An: W███ 12.10.2011 09:53

Sehr geehrter Herr Dr.W████ !

In dieser Angelegenheit wollte ich Ihnen gerne vorschlagen, Ihre PV über Videokonferrenz zu einem von Ihnen vorgeschlagenen Zeitpunkt durchzuführen, damit Ihnen in dieser leidigen causa wenigstens die Anreise erspart bleibt; ich ersuche um eine Auswahl von Terminen und geben Sie gerne auch jenes Gericht in Wien an, zu welchem Sie erscheinen möchten.

Mit herzlichem Dank und kollegialen Grüßen !

Andrea O███████ eh

HW5: *Verwendung des Weisungsrechts des Justizministers zur Niederschlagung von Strafverfahren.* Diese Strategie kommt bei Strafanzeigen gegen Minister, Staatsanwälte, Richter, Höchstrichter, Universitätsrektoren, Universitätsprofessoren, Landes- und Stadtbeamte und Experten in hoheitlicher Funktion zur Anwendung.[38] Die Berichtspflicht über Strafanzeigen, „an denen wegen der Bedeutung der aufzuklärenden Straftat oder der Funktion des Verdächtigen im öffentlichen Leben ein besonderes öffentliches Interesse besteht [...]"[39] wird im

---

[38] Vgl. § 29 und 29a StAG – Staatsanwaltschaftsgesetz – gültig bis 31. Dezember 2015. Mit 1. Jänner 2016 trat das geänderte Gesetz in Kraft, demzufolge ein „Weisungsrat" eingesetzt wird, um den Anschein einer politischen Einflussnahme auf die Tätigkeit der Staatsanwaltschaften zu verschleiern. Aus den Vorgaben der Besetzung des Weisungsrates geht jedoch hervor, dass nur jemand nach 15 Jahre langer Tätigkeit, also mit bereits mit gebundenen Händen, das Amt antreten kann.

[39] § 8 Abs. 1 StAG – Staatsanwaltschaftsgesetz – vgl. auch die gesamten §§ 8, 8a, 10 StAG zur Berichtspflicht sowie zu den unmittelbaren Weisungsbefugnissen der Oberstaatsanwaltschaften und des Justizministers bzw. der Justizministerin §§ 29, 29a StAG.

Staatsanwaltschaftsgesetz explizite geregelt.
Der Bundesminister oder die
Bundesministerin für Justiz besitzt demnach
das unmittelbare Weisungsrecht und es liegt
in seiner oder ihrer uneingeschränkten Macht,
ein Strafverfahren auch entgegen einer
eindeutigen Beweislage niederzuschlagen und
die Verbrechensopfer durch fortgesetzte
Repressalien verfolgen zu lassen
beziehungsweise ein solches Vorgehen durch
die Straftatverdächtigen nicht zu verhindern.[40]
Es wird dabei davon ausgegangen, wie dies in
inoffiziellen Diskussionen bekannt ist, dass
bei einem systematischen Einsatz von
Repressalien die Verbrechensopfer ziemlich
schnell zu erledigen sind. Die politische
Einflussnahme auf die Rechtsprechung,
insbesondere auf die Strafrechtspflege, wird
damit mehr als offenkundig. Die Einrichtung
eines sogenannten Weisungsrates[41], seit dem

---

[40] Vgl. dazu noch einmal die bezeichneten
Verfahren aus Fußnote 31 und insbesondere das
Verfahren vor der Zentralen Wirtschafts- und
Korruptionsstaatsanwaltschaft – WKSTA – GZ: 18
ST 12/12 u. a. m.
[41] Vgl. dazu § 29b StAG –
Staatsanwaltschaftsgesetz – Beirat für den

1. Jänner 2016 in Kraft gesetzt, kann bestenfalls als eine kosmetische Aktion beurteilt werden, was aus den Besetzungskriterien eindeutig zu erschließen ist.

HW6: *Verwendung ministerieller Erlässe.* Diese Strategie dient der verdeckten Erteilung von Weisungen an die Richter und Höchstrichter unter Berufung auf Entscheidungen des Präsidenten des Obersten Gerichtshofes. Damit kann politisch in Gerichtsverfahren eingegriffen und die Verfahren können einem politischen Parteienkalkül entgegenkommend manipuliert werden. Das entspricht einem klaren Verstoß gegen das Gebot der Unabhängigkeit der Ausübung des Richteramtes gemäß Artikel 87 B-VG – Bundesverfassungsgesetz. Denn laut dem Bundesverfassungsgesetz haben Richter ihr Amt in Österreich weisungsfrei

---

ministeriellen Weisungsbereich („Weisungsrat") – und § 29c StAG – Aufgaben des Weisungsrats. Als Beispiele können die Folgeverfahren aus den unter Fußnote 30 und 31 bezeichneten Verfahren im fortgesetzten Verbrechen genannt werden.

auszuüben. Gemäß Artikel 87 Abs. 1 B-VG gilt: „Die Richter sind in Ausübung ihres richterlichen Amtes unabhängig." Das entspricht auch der offiziellen Meinung. Eindeutige Beispiele bezeugen jedoch, dass Richter amtsmissbräuchlicherweise politisch beeinflusst weisungsgebunden arbeiten. Ermittlungs- oder Strafverfahren gegen Richter oder andere Staatsbeamte werden unter Berufung auf Erlässe des Bundesministeriums nicht nur von den zuständigen Staatsanwaltschaften niedergeschlagen, sondern zudem von Richtern und Höchstrichtern unterbunden, indem in konkreten Urteilsakten folgende Erlässe zweckentfremdet zur Anwendung kommen: „Erlass vom 8. April 2013 über die Entscheidung des Präsidenten des Obersten Gerichtshofes vom 11. Juni 2012, 1 Präs. 2690-2113/12i (= BMJ-S585.000/0015-IV 3/2013)"[42] und „Erlass von 2. August 2013

---

[42] Der Erlass vom 8. April 2013 über die Entscheidung des Präsidenten des Obersten Gerichtshofes vom 11. Juni 2012, 1 Präs. 2690-2113/12i (= BMJ-S585.000/0015-IV 3/2013) ist zu finden unter RIS-Justiz RS0127790 = EvBl 2012/100.

zum Vorgehen bei Einlangen einer „neuen"
Anzeige zu einem Sachverhalt, hinsichtlich
dessen das Ermittlungsverfahren bereits
eingestellt wurde" (= BMJ-S590.000/0014-IV
3/2013)". In konkreten Ermittlungs- oder
Strafverfahren wird damit gezielt, wissentlich
und bewusst Rechtmäßigkeit, Objektivität
und Sachlichkeit vorgetäuscht.[43]
Österreichische Richter zeigen und
demonstrieren ihre Weisungsgebundenheit
durch die sachwidrige und verfassungswidrige
Verwendung ministerieller Erlässe in den
konkreten Urteilsakten. Belegt ist sogar jener
Fall, in dem einem Rechtsfall ein zur Gänze
anderer fallfremder Fall unterlegt
beziehungsweise in der Urteilsbegründung
zitiert wird, um das Urteil scheinbar zu
begründen.

Der rechtsordnungsvernichtende
Störungsfaktor für die österreichische
Staatsverfassung ergibt sich aus dem

---

[43] Vgl. dazu noch einmal die unter Fußnote 31
bezeichneten Verfahren beziehungsweise deren
Folgeverfahren, die an dieser Stelle wegen des
ungeheuren Umfanges nicht aufgelistet werden
können.

Widerspruch der eben zitieren Verfassungsbestimmung, Artikel 87 B-VG, und der Rechtspraxis von der untersten bis hinauf zur höchsten Rechtssprechungsebene in systematischer Anwendung.

Darüber hinaus wird die unter HW5 beschriebene Verwendung des Weisungsrechtes des Bundesministers für Justiz in Verbindung mit den ministeriellen Erlässen zum Einsatz gebracht. Diese politische Strategie des höchsten Bundesverwaltungsorganes stellt eine weitere eindeutige Verletzung der Bundesverfassungsbestimmung dar, wonach gemäß Artikel 94 B-VG – Bundesverfassungsgesetz – gilt: „Die Justiz ist von der Verwaltung in allen Instanzen getrennt." Die österreichische Bundesregierung mit Dr. Beatrix Karl als Bundesministerin für Justiz ignorierte diese Verfassungsbestimmung. Hervorzuheben ist an dieser Stelle der aus einer ministeriellen Weisung effektiv werdende Störungsfaktor für eine nationale Verfassungsordnung, der aus dem Widerspruch zwischen den zwei

Verfassungsnormen, Artikel 87 und 94 B-VG, und dem konkreten Amtshandeln eines Richters entsteht, wenn dieser sach- und rechtsfremde ministerielle Erlässe zur Begründung konkreter Urteilsakte verwendet.

HW7: *Verwendung des psychiatrischen Expertengutachterwesens zur Beauftragung der Herstellung von Falschgutachten durch bestellte Gerichtssachverständige zur Beseitigung von Verbrechensopfern.* Als ein konkretes Beispiel sei hier ein Gutachten zur Entmündigung eines Verbrechensopfers[44] angeführt – der Name der Universitätsprofessorin für Psychiatrie wurde geändert. So legt die Dokumentation offen, dass Frau Universitätsprofessor Dr. Emilia K. eine rein ideologische Berufsdiagnostik, die politisch äußerst bedenklich und gegenwärtig strikte verpönt ist, zur Begründung der Notwendigkeit einer Entmündigung vorbringt. Zitat: „Der Übergang zwischen auffallender Kreativität und psychischer Erkrankung ist fließend.“

---

[44] Vgl. Dokument EK: Gutachten Frau Universitätsprofessor Dr. Emilia K. zur Entmündigung eines Verbrechensopfers.

Die Interpretation dieses Satzes erfolgt dann im Nebensatz: „… das heißt, dass kreativ begabte Menschen anfällig dafür sind, seelisch zu entgleisen." Und dem wird noch ergänzend hinzugefügt: „Zudem treten affektive Störungen überdurchschnittlich häufig bei Wissenschaftlern und Künstlern auf. Der hypomane Charakter dieser Personen mit ihrer Tendenz zur Geschäftigkeit stellt aber auch einen Selektionsvorteil für andere Berufe dar." Die Hinzunahme der Wissenschaftler zu den Künstlern und anderen fragwürdigen Persönlichkeiten, die laut der Universitätsprofessorin für Psychiatrie *eo ipso* psychisch pathologische Fälle darstellen, ist eine Neuheit und widerspricht völlig der Kultur des 21. Jahrhunderts. Diese begreift sich als Wissens- und Informationskultur und erachtet Wissenschaftlichkeit und Innovation als ihr gesetztes Ziel, um die wirtschaftlichen, sozialen und politischen Probleme der Gegenwart lösen zu können. Ein solcher von Frau Universitätsprofessorin für Psychiatrie postulierter pathologisierender Ansatz zur Beurteilung der Wissenschaftler findet sich n i c h t in der gegenwärtig anerkannten psychiatrischen Literatur. Dennoch leitet die vom Gericht als Sachgutachterin bestellte Universitätsprofessorin für Psychiatrie, ohne auch nur eine einzige Untersuchung durchgeführt zu haben, ausschließlich aus ihrer ganz eigenen Berufsgruppendiagnostik ab, dass ein Verbrechensopfer, das als Wissenschaftlerin arbeitet, zu entmündigen ist. Das Gericht folgt diesem Gutachten.

HW8: Verwendung einer doppelbödigen Fragemethode im Richteramt. Dabei wird die Amtsstellung als Richterin oder Richter zur gezielten Erstellung von manipulativ erzeugten Diffamierungs- und Verleumdungsurkunden gegen eine Partei in einem Verfahren ausgenützt.[45] Zur Veranschaulichung sei ein Beispiel aus einem zivilgerichtlichen Verfahren vor dem Arbeits-

---

[45] In dieser Arbeit sei nur eine Form einer gesetzeswidrigen Strategie unter Ausnützung des Richteramtes angeführt, da eine Auflistung auch nur der gebräuchlichsten gesetzeswidrigen Manipulationsstrategien eine eigene Arbeit beanspruchen würde.

und Sozialgericht in Wien skizziert. In einem zivilgerichtlichen Verfahren genügt es, etwas zu bescheinigen, und wie nachfolgend dargestellt, ohne auch nur den geringsten faktischen Wahrheitsgehalt einer Behauptung zu fordern.

Erster Schritt bei der Verwendung einer doppelbödigen Fragemethode im Richteramt: Der Richter führt bei der Zeugeneinvernahme die Rechtsbelehrung durch, und zwar mit dem Gebot der Wahrheitspflicht vor Gericht. Das entspricht klar und eindeutig dem Gesetz. Doch wie geht es anschließend weiter?

Zweiter Schritt und Einleitung der Verwendung einer doppelbödigen Fragemethode im Richteramt: Sodann beginnt der Richter, dem Zeugen Fragen zu stellen. Nach der Aufnahme der Personalien stellt der Richter unvermittelt die Frage – in etwa folgendem Wortlaut: „Da gibt es ein bislang dem Kläger zu Gänze unbekanntes Diffamierungsschreiben gegen den Kläger."

Der Zeuge: „Ja!"

Der Richter: „Haben Sie das noch?"

Der Zeuge: „Nein!"

Der Richter: „Können Sie uns sagen, was da drinnen stand?"

Der Zeuge: „Ja!" Gleichzeitig beginnt der Zeuge wie vom Blitz getroffen auffallend zu zittern.

Der Zeuge beginnt zu erzählen, was in dem nicht mehr vorhandenen Schreiben stand, und schließt nach etwa zwei Stunden damit, dass er dieses Diffamierungsschreiben gegen den Kläger jetzt allgemeiner formulieren würde, nicht so konkret. Auf die Frage des Klägeranwaltes, ob er – der Zeuge – sagen könne, wann dieses Diffamierungsschreiben entstanden sei, gibt der Zeuge an, dass er das nicht mehr wissen könne und auch keine einzige konkrete Erinnerung daran habe, weil es vor drei Jahren von der Kollegin XY geschrieben wurde, und er sich auch sonst an nichts mehr erinnern könne, außer eben an das verloren gegangene Diffamierungsschreiben.

Dritter Schritt der Verwendung einer doppelbödigen Fragemethode im Richteramt: Der Richter beginnt während der doch so langen Zeit der Befragung die Grenze zwischen der Ebene des Diffamierungsschreibens, nach dessen Inhalten er explizite fragte, und der Ebene „Tatsachenwirklichkeit" aufzuheben und zu verwischen, um die beiden unvereinbaren Ebenen zu vermischen, indem durch den Richter selbst die Inhalte des Diffamierungsschreibens zur Tatsachenwirklichkeit erhoben werden.

Vierter Schritt der Verwendung einer doppelbödigen Fragemethode im Richteramt – eigenhändige Erzeugung einer Diffamierungs- und Verleumdungsurkunde gegen eine Partei: Die Gegenpartei war dem Verfahrensverlauf entsprechend zum Schweigen verpflichtet. Als bei dem derartigen Vermischen der Diffamierungsebene und der Tatsachenebene durch den Richter dennoch von der zum Schweigen verurteilten Partei Tatsachenbeweise überreicht wurden, und zwar konkret zweckdienliche Teambesprechungsprotokolle, gelangten diese dem Richter zur Ansicht, der sie dann dem Gegenanwalt zur Ansicht weiterreichte. Dieser stellte sofort fest, dass dies keine Originale seien, sondern Kopien, und dass – selbst wenn es Originale gäbe – diese eindeutig festgestellt, nicht echt sein könnten. Die Echtheit der Originalurkunden – ohne diese gesehen zu haben – wurde mit Zustimmung des Richters sofort und eindeutig bestritten.

Fünfter Schritt der Verwendung einer doppelbödigen Fragemethode im Richteramt: Der Richter stellt die Aussagen zum nicht vorgelegten Diffamierungsschreiben als Tatsachenbehauptungen dar. Auf diese Art und Weise wurde erst vom Richter selbst eine Diffamierungs- und Verleumdungsurkunde gegen eine Prozesspartei erzeugt.

Worin besteht die Doppelbödigkeit der Befragungsstrategie durch den Richter?

Erstens: Die zweite Ebene – die richterliche Befragung zu einem fiktiven Schriftstück: Wird jemand gefragt, wahrheitsgemäß zu sagen, was in einem Schriftstück steht, dann ist eine Antwort dann als wahr zu beurteilen, wenn dies tatsächlich in dem Schriftstück steht. Angemerkt sei noch, dass das besagte Schriftstück – die Diffamierungsurkunde – niemandem außer dem durch den Richter einvernommenen Zeugen bekannt ist und auch der Zeuge dieses Diffamierungsschreiben nicht vorlegen kann, weil er das vor drei Jahren zusammen mit anderen unterzeichnete Schriftstück nicht oder nicht mehr in seinem Besitz hat.

Zweitens: Die erste Ebene – der konkrete Sachverhalt: Wird jemand von einem Richter zu einem bestimmen, konkreten Sachverhalt unter dem Wahrheitsgebot befragt, so ist eine Behauptung oder Aussage dann als wahr zu beurteilen, wenn sie mit der Tatsache übereinstimmt. Andernfalls handelte es sich um eine Falschaussage. Mit einer solchen würde sich ein Zeuge strafbar machen, da er gegen die Rechtspflege verstößt.

Drittens: Das Schriftstück – die in Wirklichkeit vom Richter selbst angefertigte Diffamierungs- und Verleumdungsurkunde –

ist ein Gegenstand der zweiten Ebene, die Tatsachen und die Tatsachenbehauptungen gehören der ersten Ebene an.

Viertens: Die doppelbödige Vernehmungsstrategie eines Richters, der wie eben beschrieben fragestrategisch vorgeht, besteht darin, einen Zeugen zur zweiten Ebene, der zur Gänze fiktiven Ebene, zu befragen, wo sich das Wahrheitskriterium auf ein fiktives und allen Anwesenden unbekanntes Schriftstück bezieht. Die diesbezüglichen Aussagen und Behauptungen nimmt der Richter auf und verschriftlicht diese als Zeugenaussagen unter dem Wahrheitsgebot, und zwar nicht als Inhalt eines fiktiven Schriftstückes beziehungsweise einer eindeutigen Diffamierungsurkunde, sondern als die erste Ebene, nämlich als die Tatsachenebene: als Tatsachenbehauptungen des Zeugen.

Demnach berichtete der Zeuge sogenannte fiktive und nicht überprüfbare „Wahrheiten" über die Inhalte eines Diffamierungs- und Verleumdungsschriftstückes und erfüllt mit

Hilfe der gezielt doppelbödigen Vernehmungsstrategie des Richters das Wahrheitsgebot vor Gericht. Der Richter übernimmt somit selbst eigenhändig die Arbeit der Erzeugung einer Diffamierungs- und Verleumdungsurkunde gegen eine Partei.

Kurz zusammengefasst: Eine derartig doppelbödige Vernehmungsstrategie durch einen Richter in dessen Amtsausübung ist rechtlich unzulässig und stellt eine eindeutigen Amtsmissbrauch dar, da dadurch das Wahrheitsgebot vor Gericht *ad absurdum* geführt wird.

HW9: *Verwendung der Aufrechterhaltung der Illusion der Trennung von Legislative, Verwaltung und Exekutive durch eine Personalunion.* In der österreichischen Regierungs- und Rechtspraxis wurde im Jahre 2013 die Verfassungsbestimmung der Trennung von Verwaltung, Exekutive und Legislative durch die gleichzeitige Besetzung der Stelle als Bundesminister der Justiz – Exekutive – und Mitglied des Nationalrates mit Positionen in

den relevanten Justizausschüssen –
Legislative – verletzt.

Ein klares Beispiel für ein Zusammenfallen
Exekutive, Verwaltung und Legislative durch
eine Personalunion, welche die
verfassungsrechtlich vorgeschriebene
Trennung zwischen Exekutive, Verwaltung
und Legislative aufhebt, gibt Frau
Bundesministerin für Justiz Dr. Beatrix Karl
ab. Vom 29. Oktober 2013 bis zum 16.
Dezember 2013 belegte sie eine derartige
Personalunion beziehungsweise konnte sie in
der Folge als Mitglied des Nationalrates auch
die Untersuchung möglicher Amtsvergehen
aus ihrer eigenen Amtszeit verhindern,
beispielsweise durch ihre eigenen Weisungen
zur Niederschlagung von Strafverfahren
gegen sogenannte öffentlich bedeutsame
Persönlichkeiten.[46]

*HW10: Die Verleihung höchster öffentlicher
Auszeichnungen zur parteiischen Bindung von
Verbrechensbeteiligten oder -mitwissern sowie zur*

---

[46]   Vgl. noch einmal die in Fußnote 30, 31 und 32
und 40 bezeichneten Verfahren.

Erzeugung von Glaubwürdigkeit und zur Demonstration von politischer Richtigkeit. Als Beispiele derartiger staatlicher oder politischer Praxis wären zu nennen: die Verleihung eines Ehrendoktorates einer Universität, die Verleihung der Ehrenbürgerschaft der Bundeshauptstadt Wien[47], die Ernennung zum ordentlichen Professor an einer Universität sowie die Vergabe von gut dotierten staatlichen Stellen und die Besetzung von zentralen Leitungsstellen.

HW11: *Der Einsatz von Repressalien, Erpressungsversuchen und Existenzvernichtung* gegen die Verbrechensopfer und Mitwissende, die eine Beförderung oder Ehrung – wie unter *HW10* skizziert – vor dem Hintergrund eines im Gange befindlichen fortgesetzten Verbrechens ablehnen.[48]

---

[47] Dies ist zumindest in einem konkreten Fall belegt; vgl. Verleihung der Ehrenbürgerschaft an Carl Schorske am 25. April 2012: *Kulturhistoriker Carl E. Schorske ist nun Ehrenbürger Wiens,* in: Die Presse, Feuilleton, 26. April 2012, S. 29.

[48] Vgl. Josephine Papst: *Der Wissenschaftsalltag zwischen wissenschaftlicher Integrität und Wissenschaftskriminalität: „Doch wer die Wahrheit sagt,*

HW 12: *Die Benützung und der Missbrauch von Kindern und Minderjährigen zur Erpressung des mütterlichen Verbrechensopfers und zu deren Vernichtung.* Wenn es um die Begehung eines schweren Verbrechens durch die sogenannte Crème de la Crème der Alma Mater und der Politik geht, dann wird die Benützung und der Missbrauch von Kindern und Minderjährigen in Österreich für geboten angesehen. Die Rechtfertigung für eine derartige Verbrechenspraxis gründet in dem Umstand, dass sich derartige Täter in ihrer staatlich geschützten Position so sicher fühlen, dass sie eine Aufklärung ihrer Taten für felsenfest ausgeschlossen halten.[49] Die Verantwortung für den Missbrauch von Kindern weisen die Täter im Amt dem Verbrechensopfer zu, das doch wissen müsste, dass sich jemand mit Kindern keinen Widerspruch zu Amtsträgern leisten kann, und dass das Verbrechensopfer wissen müsste, dass Kinder das Mittel der Wahl zur Erpressung sind. Wie eh' und je.

---

solle sterben!"; Graz: utopos, 2013.
[49]   Vgl. noch einmal die unter den Fußnoten 31 und 40 bezeichneten Gerichtsverfahren.

Diese zwölf Störungen – *HW1* bis *HW12* –
der Gerichts- und Verwaltungstätigkeit
werden nach Koja klar und eindeutig erfasst,
obschon er sie nicht in dieser konkretisierten
Form erwähnt, da das Staatsleben auch „die
ungestörte Funktion der Gerichte ebenso wie
die Aufrechterhaltung der öffentlichen
Ordnung und Sicherheit"[50] erfasst. Relevant
für die gegenständliche Untersuchung des
Phänomens „Staatsnotstand" ist die
ungestörte Funktion der Gerichte und
Verwaltungsbehörden, was weiter geht als nur
die demokratisch organisierte
Rechtserzeugung und Vollziehung, wie dies
von der herrschenden Rechtsmeinung
vertreten wird.

Übereinstimmend mit Koja ist das Kriterium
für die Beurteilung eines Staatsnotstandes das
Vorliegen einer Bedrohung der Effektivität
der staatlichen Organe, auch wenn diese als

---

[50] Koja: *Der Staatsnotstand als Rechtsbegriff*, S. 23.
Nach dieser Bestimmung eines Staatsnotstandes
wäre auch die gegenwärtige Flüchtlingssituation, die
die öffentliche Sicherheit und Ordnung vehement
bedroht, rechtlich als eine Staatsnotstandssituation
zu bewerten.

solche verfassungsmäßig existieren oder noch existierten. Koja schreibt: „Auch in einem kontinentaleuropäischen Staat läge daher [...] Notstand im Sinne von Effektivitätsbedrohung vor, wenn zwar die Gesetzgebungsorgane noch intakt, die Gerichte und die Verwaltungsbehörden jedoch in einem gravierenden Ausmaß bereits außer Funktion gesetzt werden."[51] Die zwei Fragen, die sich damit stellen sind folgende:

(a) Welche objektiven Tatbestands- merkmale müssen vorliegen, um eine Effektivitätsbedrohung der Gerichte, der Behörden und des Justiz- und Sicherheitswesens als einen Zustand eines Staatsnotstandes oder einer

---

[51] Koja: *Staatsnotstand*, S. 21. In diesem Punkt geht es Koja um eine Kritik an Ermacora, der eine zu enge Auffassung eines Staatsnotstandes vertritt, weil er das Vorliegen eines solchen vor allem an die demokratisch organisierte Gesetzgebung bindet. Für Ermacora ist demnach einzig und alleine das entscheidende Kriterium des Vorliegens oder des Nichtvorliegens eines Staatsnotstandes das verfassungsmäßige Funktionieren der demokratischen Gesetzgebung. Vgl. ebda. Das ist jedoch, übereinstimmend mit Koja festgestellt, eindeutig ein zu enger Begriff eines Staatsnotsandes.

Verfassungsstörung zu bewerten, oder aber bereits als einen stillen Staatsputsch?

(b) Wie lässt sich eine gravierende Effektivitätsbedrohung der Gerichtsbarkeit von einem *stillen Staatsputsch* abgrenzen?

Konkret zu untersuchen ist, aufgrund welcher Tatbestandsmerkmale eine Gerichts- oder Verwaltungsbehörde oder das Justiz- und Sicherheitswesen als in einem derart gravierenden Ausmaße in seiner rechtsstaatsgetreuen Funktion eingeschränkt beziehungsweise als f e h l - g e l e i t e t z u b e u r t e i l e n s i n d , was einen Staatsnotstand bedingt. Als der schwerwiegendste Fall einer Verfassungsstörung wäre nach meiner Auffassung wohl ein stiller Staatsputsch, einer von innen heraus, also von der Judikative und Justiz selbst verwirklicht, zu beurteilen.

2.3.1. Effektivitätsbedrohung durch systematisch betriebene, fehlgeleitete Gerichts- und Verwaltungsbehördentätigkeit sowie Ausschaltung der demokratischen Kontrolle

Hans Kelsen ist darin zuzustimmen, dass der Staat eine Rechtsordnung ist und nicht verschieden von dieser sein kann. Zitat: „Der Staat ist eine Rechtsordnung. Aber nicht jede Rechtsordnung wird schon als Staat bezeichnet; dies erst dann, wenn die Rechtsordnung zur Erzeugung und Vollziehung der sie bildenden Normen gewisse arbeitsteilige funktionierende Organe einsetzt."[52] Das entscheidende Kriterium ist demnach, dass die Rechtsordnung nicht nur arbeitsteilig ist, sondern auch als solche funktioniert. Was Österreich betrifft, so werden durch das Bundesverfassungsgesetz und alle anderen Gesetze formal alle Kriterien erfüllt, die es zu einem echten Staat machen. Formal jedenfalls.

---

[52]   Hans Kelsen: *Reine Rechtslehre,* S. 117.

Wozu Hans Kelsen allerdings nicht arbeitete, das ist jener Bereich, der eine formal vorhandene Rechtsordnung in ihrer Effektivität derart bedroht, dass ein Zustand erheblicher oder totaler funktionaler Ineffektivität eintreten kann, sodass die „formale Rechtsordnung" in der Rechtspraxis als Repressions- und Vernichtungsmaschinerie zum Einsatz gebracht wird. In diesem Fall handelte es sich um einen Verfassungs- oder Staatsputsch von innen heraus, um einen *stillen Putsch*. Die unter den Handlungsweisen HW1 bis HW12 aufgelisteten Beispiele von funktional fehlgeleiteten Handlungsweisen in der Gerichtsbarkeit, der Verwaltung und der demokratischen Kontrolle legen nahe, dass bei einem faktischen Vorliegen derartiger Handlungsweisen von einem stillen Staatsputsch gesprochen werden kann.

Vor diesem Hintergrund stellen sich für eine juristische Aufarbeitung eines stillen Staatsputsches folgende zwei Fragen, die zu beantworten wären:

(1) Welche objektiven und subjektiven Tatbestandsmerkmale verwirklichen eine Effektivitätsbedrohung innerhalb einer formal vorhandenen Rechtsordnung, die diese faktisch teilweise oder zur Gänze außer Kraft setzen?

(2) Welche objektiven Tatbestandsmerkmale einer Verfassungsstörung signalisieren einen Staatsputsch von innen heraus, also einen stillen Staatsputsch?[53]

Eine Effektivitätsbedrohung von einem bestimmten Ausmaß ist als eine Funktionsstörung einer Rechtsordnung zu bewerten und die zu klärende Frage ist, wann die Grenze hin zu einem stillen Staatsputsch überschritten ist.

---

[53] Diese zwei Fragen werden in einer eigenen Arbeit beantwortet werden.

2.3.2. Effektivitätsbedrohung durch systematisch betriebene fehlgeleitete beliehene hoheitliche Dienste – fehlgeleitete Zuarbeiterdienste

Für die Gerichte arbeitende Zuarbeiterdienste sind beispielsweise sogenannte Expertengutachter, Beamte in anderen staatlichen Stellen und andere mehr, die sich mit dieser Tätigkeit ihren Lebensunterhalt verdienen oder zumindest einen guten Zusatzverdienst verschaffen können. Dagegen wäre nichts einzuwenden, wenn diese ihre Arbeit auf objektive Kriterien und wissenschaftliche Gewissenhaftigkeit[54] und

---

[54] Das Problem sind die Wissenschaftler, die mit vorgeben, mit wissenschaftlichen Methoden zu arbeiten, um eine Ideologie zu stützen. In einer früheren Arbeit bezeichnete ich dies als *wissenschaftlich begründete Ideologien*. Das heißt, dass solche Theorien mit Bezug auf den Wahrheitsgehalt keine wissenschaftlichen Theorien, sondern reine Ideologie sind. Vgl. dazu für konkretere Ausführungen Josephine Papst: *Sciences and education without freedom of science and freedom of conscience are not sciences and education at all*, in: Kevin J. McGinley: *New Bearings in Higher Education. Proceedings of the First International Congress on Higher Education*, Istanbul: Fatih University Press 2006, S. 230 – 142; insbesondere S. 139.

Sachverständnis stützen würden. Fehlgeleitet sind Zuarbeiterdienste dann, wenn sie dem aufgetragenem Objektivitätsgebot nicht nachkommen und dieses nicht nur wissentlich verletzen, sondern sich sogar als Gefälligkeitsdienste bis hin zur Vernichtung von Menschen zur Verfügung stellen. Als diesbezügliche Beispiele sind die Handlungsweisen HW3, HW7 und HW12 in Verbindung mit den Handlungsweisen HW1 bis HW12 zu nennen.

Die Folge davon ist, dass fehlgeleitete Zuarbeiterdienste – mit oder ohne hoheitliche Beleihung – die Effektivität einer Rechtsordnung, und damit ihre rechtsstaatsgetreue Funktionalität bis hin zur Begünstigung eines stillen Staatsputsches, bedrohen.

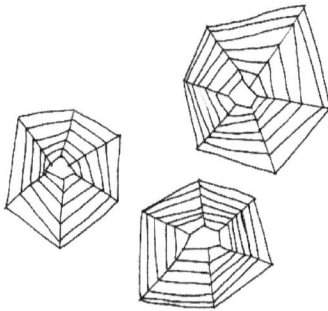

Netzwerken 3

22. Dez. 2016

3. DAS RATIONALITÄTSGEBOT, DER IRRTUM DES RECHTSPOSITIVISMUS UND DER REINEN RECHTSLEHRE: KEIN SCHADEN?

Die Problematik der Möglichkeit eines stillen Verfassungsputsches innerhalb eines modernen Verfassungsstaates[55] stellt Kelsens Reine Rechtslehre und damit auch den Rechtspositivismus stark in Frage. Es zeigt sich, dass kein Rechtssystem, auf welche

---

[55] Vgl. die unter Punkt 2.3. beschriebenen und konkreten Amtshandlungsakte beziehungsweise Handlungsweisen HW1 bis HW12.

Grundlage als Metatheorie oder Rechtstheorie es sich auch berufen mag, davor gefeit ist, sich stillschweigend in sein Gegenteil zu verwandeln. Wenn nun Kelsen den Gerechtigkeitsanspruch eines Rechtssystems als der Ratio nicht zugänglich erklärt, wie dies durch seine These „Gerechtigkeit ist ein irrationales Ideal. [...D]em Erkennen ist es nicht zugänglich [!]"[56] zum Ausdruck kommt, dann nimmt er einer Rechtstheorie zudem die Möglichkeit, sich moralischer Werte bewusst zu werden, um diese auch einer Reflexion, Besprechung, Diskussion und Analyse zugänglich zu machen. Ein Amtsmissbrauchsfall, einer der das Recht aus politischen und persönlichen Gründen beugt, beziehungsweise in sein Gegenteil verkehrt, wird nämlich auf rationale Art und Weise moralisch begründet. Rational begründet kann alles werden, *ad infinitum*, also bis ins *UNENDLICHE.* Auch Amtsverbrechen – auch bekannt als eine Form von *„white collar crime"* – werden mit Hilfe systematischer Fehlinterpretation

---

[56]   Hans Kelsen: *Reine Rechtslehre*, S. 15 f.

rational begründet und als korrekt ausgegeben. Die Letztbegründung ist, dass damit kein Schaden verursacht werde. Denn der Mensch, der zum Opfer wird, hat mehr oder weniger absolut keinen Wert für die Gesellschaft. Dem gegenüber steht nämlich der hohe Wert der „verschobenen Güter", auf deren Besitznahme Anspruch erhoben wird, und zwar wegen des hohen Wertes der Beamten eines Staates, der hohe Wert der Rechtsanwälte und der Zuarbeiterdienste.

Damit stellt sich die abschließendeFrage: Worin besteht der Irrtum der Reinen Rechtslehre?

Der Irrtum der Reinen Rechtslehre besteht darin, dass behauptet wird, dass sich Recht als ein Erkenntnisgegenstand selbst genüge und dadurch gegen politische Beeinflussung immun sei. Vielmehr eignet sich der Rechtspositivismus mit seiner Doktrin der Reinen Rechtslehre als ein Werkzeug zur

Begehung eines stillen Verfassungsputsches;
wie dies für Österreich bedauerlicherweise
eindeutig belegt ist und durch weitere
Beispiele gezeigt werden kann.[57]

Eine Rechtslehre, die ihre eigenen
Voraussetzungen in Form von menschlichen
Wertmaßstäben weder kennt noch
erkenntnismäßig und bewusst zu erfassen
bereit oder in der Lage ist, ist nur schwarze
Tinte auf weißem Papier. Dies trifft auch
dann zu, wenn der Rechtspositivismus noch
so viel „Reinheit" für sich beansprucht und
dies auf dogmatische Art und Weise
wiederholt deklariert. Eine solche Rechtslehre
verschließt es sich, eine wissenschaftliche und
philosophische Untersuchung und einen
entsprechenden gesellschaftlichen Dialog
über die genuin menschlichen Werte und
Voraussetzungen sowie über die
Interpretation ihrer Rechtsnormen in der
Anwendungspraxis führen zu können oder
sich derer bewusst zu sein.

---

[57] Vgl. noch einmal die unter Punkt 2.3.
beschriebenen und konkreten Amtshandlungsakte
beziehungsweise Handlungsweisen HW1 bis HW12.

Dieses gravierende Bewusstseinsdefizit macht eine darauf aufbauende Rechtspraxis in einem modernen Verfassungsstaat für eine politische Einflussnahme anfällig und Recht lässt sich politisch handhaben.[58] Die politische Einflussnahme auf die Judikative beziehungsweise auf die Rechtsanwendungspraxis reicht in Österreich bis hin zum stillen Verfassungsputsch, wie dies die bereits bezeichneten Beispiele zeigen. Eine logosfremde Rechtsprechung im Sinne von Hans Kelsens Ausführungen führt demnach eine Rechtsordnung in die Irre. Aus diesem Grunde sind jene rechttheoretischen Ansätze von Neuem zu untersuchen, die einerseits einen Methodenpluralismus und andererseits Fragen der Ethik und Moral des genuin Menschlichen zulassen. Mit Bezug auf die Rechtspraxis heißt das, dass insbesondere auch eine Untersuchung der zulässigen Fragetechniken, der Tatsachenfeststellungstechniken – z.B. effektives Verbot der Folter, da Folter in Form des Zwanges zur

---

[58] Vgl. noch einmal das in Fußnote 31 bezeichnete Verfahren bzw. das bezeichnete fortgesetzte Verbrechen.

Selbstinkriminierung nach wir vor offen betrieben wird – zuzulassen wäre; zudem wäre eine Untersuchung der Argumentationsstrukturen und der Argumentationsstrategien in Verfahren mit Bezug auf logische Folgerungsbeziehungen und die Gültigkeit der Prämissen vor dem Hintergrund von Tatsachenfeststellungen sowie die Identifizierung und Feststellung eindeutiger Fehlschlüsse zuzulassen. Dazu eignen sich vor allem auch normenlogische Untersuchungsmethoden.[59]

Kurz erklärt: Der Irrtum der Reinen Rechtslehre beziehungsweise des Rechtspositivismus liegt in seiner Rationalitätsdoktrin, die für die verfassungsgetreue Anwendung des Rechts genauso gut hält wie für einen Verfassungsputsch – einen *stillen*

---

[59] Vgl. beispielsweise: Risto Hilpinen, Risto (Hrsg.): *Deontic Logic – Introductory and Systematic Readings*; Dordrecht: 1971. Sowie: Franz von Kutschera: *Einführung in die Logik der Normen, Werte und Entscheidungen*; Freiburg in Breisgau u. a.: Alber, 1973. Und: Ota Weinberger: *Rechtslogik: Versuch einer Anwendung moderner Logik auf das juristische Denken*; Wien [u. a.]: Springer, 1970.

Verfassungsputsch.

An dieser Stelle sei an den Verfassungsrechtler Carl J. Friedrich erinnert, der den Zusammenhang zwischen menschlichen Werten einer Gesellschaft und durch Recht gesetzte Normen folgendermaßen charakterisiert: „Da Verantwortung folgerichtig gegebene Normen und Wertmaßstäbe voraussetzt, nach denen das Verhalten beurteilt werden kann, so ruft das tatsächliche Vorherrschen solcher gesetzten Normen, an die geglaubt wird, die Verantwortlichkeit für ein Verhalten fast automatisch hervor, solange der Glaube lebendig bleibt."[60]

Daraus folgt, dass eine Gesellschaft, die sich ihrer menschlichen Werte weder bewusst ist noch an sie glaubt, noch glaubt, dass es genuin menschliche Werte gibt, sondern diese durch konditionierte Erziehungsarbeit und sogenannte Psychoedukation auf sogenannter

---

[60] Carl J. Friedrich: *Der Verfassungsnotstand der Neuzeit*, Berlin, Göttingern, Heidelberg: Springer Verlag, 1953, S. 19.

biologischer Grundlage, wie dies im modernen Fachjargon genannt wird, für beliebig konstruierbar hält, und damit auch den Menschen für beliebig manipulierbar erklärt, ihre moralischen Grundlagen für eine Interpretation des in einem Staat geltenden Rechts verloren hat.

Eine Gesellschaft, die sich auf einer derart nihilistisch wissenschaftlichen Grundlage selbst vernichtet, erleidet einen schwer wieder gutzumachenden Schaden.

Das ist das traurige Ergebnis! Dieses sollte nicht so stehen bleiben! Deshalb dieses mein Werk! Für Dich für Sie – für unsere Nachkommen!

4. NACHWORT

Der Weg dieses Werkes führt entlang steiler, steiniger Berggrade und Klippen, immer dem möglichen Abgrund entlang und das tosende Wasser des Meeres im Ohr, doch auch die Schönheit der unendlichen Weiten des Seins in Sicht und diesem nahe.

Seit nunmehr beinahe 25 Jahren kamen für diese meine Arbeit Materialen und Einsichten zusammen, die ich nicht suchte, ja, deren Existenz ich nicht einmal für möglich hielt. Sie wurden mir auf meinen Weg gelegt, geworfen oder gemeinschaftlich in Massenansammlungen angekarrt als riesige Steinbrocken, die für einen einzelnen für unüberwindbar gehalten werden. Kein Mensch würde sich mit soetwas Unmöglichem freiwillig befassen! Auch ich nicht! Nicht freiwillig, jedoch notwendigerweise, um mich nicht von den auf den Weg geworfenen Steinbrocken erschlagen lassen zu müssen, und um all jenen dabei eine mögliche Unterstützung bereitzustellen, deren Weg schlichtweg durch derartiges für ein ganzes menschliches Leben lang blockiert ist oder die schlichtweg erschlagen werden – hierzulande.

Eine erste Fassung dieser Arbeit wurde bei der von *indexicals – Zentrum für transdisziplinäre Kognitions- und Staatswissenschaften* – neuer Name: *indexicals – Centrum für Philosophie, Wissenschaftstheorie und Philosophie der Kunst* organisierten internationalen Tagung „Ältere Menschen als Opfer von Kriminalität und Korruption" am 24. Juni, 2014, in Wien vorgestellt, und zwar mit dem Titel *Kein Schaden … ein stiller Verfassungsputsch? – Grundlagen für die Entwicklung normenlogischer Methoden zur Untersuchung der Gerichtsbarkeit mit Bezug auf*

Korruption und Verfassungstreue. Eingeladen zu dieser Tagung wurden von mir auch der Rechtspsychologe em.Prof. Helmut *Kury* von der Universität Freiburg und dem Max Planck Institut für Kriminologie und internationales Strafrecht in Freiburg, wo einige meiner Materialien seit dem Jahre 2001 deponiert sind, sowie die Strafrechtlerin Frau Prof. Maria *Eder-Riedl* von der Universität Salzburg und der Soziologe Prof. Josef Hörl von der Universität Wien. Der Titel des Beitrags von Helmut *Kury* lautete *Ältere Menschen als Opfer von Kriminalität?,* wo er auf die zunehmend soziologische Relevanz der Älteren aufmerksam machte. Maria *Eder-Riedl* thematisierte die Straftatbestände der Korruption in Österreich, insbesondere mit Bezug auf die Stellung eines Arztes: *Arzt als Amtsträger und Täter von Korruptionsdelikten im österreichischen Strafrecht.* Josef Hörl referierte aus seiner soziologischen Forschung zur *Kriminalitätsfurcht älterer Menschen* und *Die Macht der Drohung – Überlegungen zu Aggression und Gewalt gegen alte Menschen.*

Vor diesem Hintergrund und auf dieser Grundlage könnte geschlossen werden, dass

Österreich ein Sicherheitsparadies ist, gäbe es da nicht hinter vorgehaltener Hand die Meinung: Kein Schaden! Kein Schaden um diese da, weg damit! Is' eh' wurscht! Deshalb musste ich mich aus rechtsphilosophischer Perspektive mit der Frage der Situation der politischen Rechtsprechung, der Problematik eines Staatsnotstandes und der Möglichkeit eines stillen Verfassungsputsches in Österreich befassen.

Verbunden mit dieser *„Internationalen indexicals Tagung"* am 24. Juni 2014 in Wien war die Planung einer Publikation gemeinsam mit einem Sektor aus der allgemeinen Gesellschaft. Diese konnte jedoch nach meiner Fertigstellung des Sammelbandes wegen der plötzlich eintretenden sehr mysteriösen Umstände bislang noch nicht veröffentlicht werden und befindet sich nach wie vor in der Verzögerungsschleife.

AUSGEWÄHLTE LITERATURLISTE

Adamovich, Ludwig: *Handbuch des österreichischen Verfassungsrechts*, 6. Aufl., nach d. von H. Spanner bearb. u. erg. 5. Aufl. neu bearb. von L. K. Adamovich; Wien [u. a.]: Springer, 1971.

Bundesministerium für Justiz – BMI: *Erlass vom 8. April 2013 über die Entscheidung des Präsidenten des Obersten Gerichtshofes vom 11. Juni 2012, 1 Präs. 2690-2113/12i* (= BMJ-S585.000/0015-IV 3/2013).

Bundesministerium für Justiz – BMI: *Erlass von 2. August 2013 zum Vorgehen bei Einlangen einer „neuen" Anzeige zu einem Sachverhalt, hinsichtlich dessen das Ermittlungsverfahren bereits eingestellt wurde* (= BMJ-S590.000/0014-IV 3/2013).

Ermacora, Felix: *Grundriß einer allgemeinen Staatslehre: Systemausgleich in der westlichen Industriegesellschaft;* Berlin: Duncker & Humblot, 1979.

Fister, Mathis: *Staatsnotstandsrecht in Österreich;* in: *Notstand und Notstandsrecht,* hrsg. von Andrej Zwitter; Baden-Baden:

Nomos, 2012, S. 160 – 196.

Folz,   Hans-Ernst: *Staatsnotstand   und
Notstandrecht*; Dissertation, Universität
des Saarlandes, 1961.

Friedrich, Carl J.: *Der Verfassungsstaat der
Neuzeit*;   Berlin,   Göttingen,
Heidelberg: Springer Verlag, 1953.

Hilpinen, Risto (Hrsg.): *Deontic Logic –
Introductory and Systematic Readings*;
Dordrecht: 1971.

Kelsen, Hans: *Der Staat als Integration: eine
prinzipielle Auseinandersetzung – Unrecht
und Unrechtsfolgen im Völkerrecht –
Rechtsgeschichte gegen Rechtsphilosophie?*;
Aalen: Scientia, 1971.

Kelsen, Hans: *Allgemeine Staatslehre* [1925],
unveränderter Nachdruck; Wien:
Österreichische Staatsdruckerei, 1993.

Kelsen, Hans: *Reine Rechtslehre: Einleitung in die
rechtswissenschaftliche   Problematik*;
Leipzig und Wien: Franz Deuticke,
1934.

Kelsen, Hans: *Reine Rechtslehre: Einleitung in die
rechtswissenschaftliche Problematik*, 1.
Aufl., 2. Neudr. der 1. Aufl.; Leipzig
und Wien, 1934, mit Vorw. zum
Neudr. von Stanley L. Paulson und

Vorr. zum 2. Neudr. von Robert Walter; Aalen: Scientia Verlag, 1994.

Kelsen, Hans: *Reine Rechtslehre*, mit einem Anhang: *Das Problem der Gerechtigkeit*, unveränd. Nachdr., 2., vollst. neu bearb. u. erw. Aufl.; Wien: Deuticke, 1983.

Knoll, August Maria: *Katholische Kirche und Scholastisches Naturrecht. Zur Frage der Freiheit;* Neuwied: Luchterhand, 1968.

Koja, Friedrich: *Der Staatsnotstand als Rechtsbegriff;* Salzburg: Universitätsverlag Anton Pustet, 1979.

Kutschera, Franz von: Einführung in die Logik der Normen, Werte und Entscheidungen; Freiburg in Breisgau u. a.: Alber, 1973.

Marek, Eva und Jerabek, Robert: *Korruption und Amtsmissbrauch. Grundlagen, Definitionen und Beispiele zu den §§ 302, 304 bis 307c, 310 und 311 StGB sowie weitere praxisrelevante Tatbestände im Korruptionsbereich;* Wien: Manz, 2011.

Meinel, Florian: *Diktatur der Besiegten? Ein Fragment Carl Schmitts zur Notstandsverfassung der Bundesrepublik;*

http://ejournals.duncker-humblot.de/doi/pdf/10.3790/staa.52.3.455. [Zuletzt aufgerufen am 8. 3. 2016.]

Papst, Josephine: *Sciences and education without freedom of science and freedom of conscience are not sciences and education at all*, in: Kevin J. McGinley: *New Bearings in Higher Education. Proceedings of the First International Congress on Higher Education*; Istanbul: Fatih University Press 2006, S. 230 – 142.

Papst, Josephine: *The problem of systematic manipulation in Austrian institutions of science and law*, 2. Ausgabe; Graz, Oktober 2006. http://www.indexicals.ac.at/manipulation/preface.html.

Papst, Josephine: *Der Wissenschaftsalltag zwischen wissenschaftlicher Integrität und Wissenschaftskriminalität: Doch wer die Wahrheit sagt, solle sterben!*"; Graz: Utopos, 2013.

Papst, Josephine: *Mit blutigen Händen in den Stein der Ehre gemeißelt.* (Im Erscheinen.)

Stadt Wien: *Ehrenbürgerschaft der Stadt Wien für Prof. Carl E. Schorske,*

Rathauskorrespondenz vom 25. 04. 2012.

Walter, Robert: *Hans Kelsens Rechtslehre*, in: *Würzburger Vorträge zur Rechtsphilosophie, Rechtstheorie und Rechtssoziologie*, hrsg. von Horst Dreier und Dietmar Willoweit, Heft 24; Baden-Baden: Nomos, 1999.

Weinberger, Ota: *Rechtslogik: Versuch einer Anwendung moderner Logik auf das juristische Denken*; Wien [u. a.] : Springer, 1970.

Zwitter, Andrej (Hrsg.): *Notstand und Notstandsrecht*, mit einem Geleitwort von Christoph Grabenwarter; Baden-Baden: Nomos, 2012.

DIE AUTORIN

Mag.Dr.phil. Josephine Papst, geb. in Judenburg/Stmk; Studium der Philosophie, Germanistik und Kognitionswissenschaften an der Universität Graz, Forschungsarbeiten und der LMU München, State of NY Universität in Buffalo, am Graduate Center der City of New York Universität und NYU; Forschungsaufenthalte, Vortragstätigkeit und Gastprofessuren an der Universidad Complutense in Madrid, der Sorbonne in Paris, London School of Economics, Peking Universität und anderen, Gründerin und Direktorin von *indexicals* – Centrum für Philosophie, Wissenschaftstheorie und Philosophie der Kunst in Wien und Graz; vormals *indexicals* – Zentrum für transdisziplinäre Kognitions- und Staatswissenschaften; Homepage: http://www.indexicals.ac.at